BEI GRIN MACHT SICH IHR WISSEN BEZAHLT

Betriebliche Wertschöpfung. Materialwirtschaft, Absatzlogistik, Industrie 4.0

Leon Geyer

Bibliografische Information der Deutschen Nationalbibliothek:

Die Deutsche Nationalbibliothek verzeichnet diese Publikation in der Deutschen Nationalbibliografie; detaillierte bibliografische Daten sind im Internet über http://dnb.d-nb.de abrufbar.

ISBN: 9783346979643
Dieses Buch ist auch als E-Book erhältlich.

© GRIN Publishing GmbH
Trappentreustraße 1
80339 München

Druck und Bindung: Books on Demand GmbH, Norderstedt Germany
Gedruckt auf säurefreiem Papier aus verantwortungsvollen Quellen

Das vorliegende Werk wurde sorgfältig erarbeitet. Dennoch übernehmen Autoren und Verlag für die Richtigkeit von Angaben, Hinweisen, Links und Ratschlägen sowie eventuelle Druckfehler keine Haftung.

Das Buch bei GRIN: https://www.grin.com/document/1422895

Einsendeaufgabe

Prüfung im Modul Betriebliche Wertschöpfung BBEWER

Aufgabennummer:

Alternative B

Modul:

Betriebliche Wertschöpfung BBEWER

Studiengang:

Betriebswirtschaft B.A.

Verfasser:

Leon Geyer

Inhaltsverzeichnis   Seite

Aufgabe 1: Materialwirtschaft und Logistik

1.1. Die 4 Hauptaufgaben von Materialwirtschaft und Logistik

Die 4 Hauptaufgaben der Materialwirtschaft und Logistik bestehen in der Materialdisposition, dem Materialeinkauf, der Materialbevorratung sowie der Materialentsorgung. Jede dieser Aufgaben wird folgend detailliert erklärt (Kluck, 2008, S.3-7).

1.1.1. Materialdisposition

Bei der Materialdisposition steht die Bedarfsermittlung und -deckung des für den Betriebsprozess notwendigen Materials im Vordergrund (Stickel, 1997, S.199). Sie „umfasst die Bestandsrechnung, die Bedarfsrechnung, die Beschaffungs- und Bestellrechnung, die Ermittlung der Bedarfsgegenstände, der Bedarfsmengen und der Bedarfstermine" (Kluck, 2008, S.4). Sie stellt somit den ersten wichtigen Aspekt der Produktionsplanung und damit der Produktionssteuerung dar.

Hierbei kann es vor allem bei der Bedarfsermittlung bereits zu Zielkonflikten zwischen den einzelnen Abteilungen eines Unternehmens kommen, da deren Interessensschwerpunkte stark divergieren können. So steht für den Vertrieb eines Unternehmens für gewöhnlich die Flexibilität, mit welcher die einzelnen Kunden mit Produkten bedient werden können, im Vordergrund. Im besten Fall sollte hierbei also jedes Produkt des Unternehmens zu jeder Zeit zum Verkauf bereitstehen, um ein Versäumnis möglicher Umsätze zu vermeiden. Dem Gegenüber steht etwa die Einkaufsabteilung, welche hohes Interesse an der Überschaubarkeit und Simplizität des Materialbeschaffungsprozesses sowie des Lagers pflegt. Ein solches Konfliktpotenzial ergibt sich beispielsweise bei der Ermittlung der Anzahl der verschiedenen zu beschaffenden Materialien. Während die Vertriebsabteilung hierbei möglicherweise mehrere verschiedene Materialarten wünscht, um den Kunden jederzeit maßgeschneiderte Lösungen anbieten zu können, möchte die Beschaffungsseite vermutlich eher weniger verschiedene, um die Prozesse übersichtlich zu halten. Ein solcher Konflikt kann auch bei der prognostizierten Menge des Materialbedarfs entstehen.

1.1.2. Materialeinkauf

Den zweiten Schritt des Prozesses und somit die zweite Hauptaufgabe der Materialwirtschaft und Logistik bildet der Materialeinkauf. Der Begriff des Materialeinkaufs umfasst dabei sowohl strategische Aufgaben wie etwa die Marktforschung, als auch operative Aufgaben wie die Bestellabwicklung sowie die Überwachung der Einhaltung von Lieferterminen von Lieferanten.

Die Hauptaufgabe und damit das oberste Ziel des Materialeinkaufs liegt in der Bereitstellung von Materialien für den Betriebsprozess.

1.1.3. Materialbevorratung

Wird ein am Beschaffungsmarkt eingekauftes Material nicht unmittelbar bei der Produktion verwertet, so ist eine temporäre Bevorratung dessen nötig. Auch eine strategische Bevorratung bestimmter Materialien ist denkbar. Dadurch kann gegebenenfalls ein Wettbewerbsvorteil entstehen, etwa falls ein bestimmtes Material knapp werden sollte. Auch erhöht eine solche Materialbevorratung die zeitliche Flexibilität, da ein Kunde so schneller beliefert werden kann. Ein relevanter Aspekt bei der Materialbevorratung ist auch die Überprüfung der gelieferten Waren bei der Warenannahme. Durch eine solche regelmäßige Prüfung ist eine Bewertung der Qualität und Zuverlässigkeit einzelner Lieferanten möglich.

Auch in diesem Schritt entsteht ein Zielkonflikt dahingehend, dass die Beschaffungsabteilung eines Unternehmens generell versucht, die einzelnen Materialien, welche für den Leistungserstellungsprozess nötig sind, möglichst günstig zu erwerben und zu bestellen. Dies funktioniert grundsätzlich am einfachsten über Rabatte, welche bei der Bestellung großer Mengen zur Geltung kommen. Die Lagerkosten steigen mit zunehmender Menge der bestellten Materialien allerdings exponentiell. Hierzu gehören etwa größere Mietflächen oder zusätzliche Mitarbeiter, welche für die Lagerverwaltung eingestellt werden müssen. Es muss also im Vorfeld sorgfältig abgewogen werden, ob die Einrichtung eines größeren Lagers im Rahmen der individuellen Geschäftstätigkeit rentabel ist.

1.1.4. Materialentsorgung

Die Aufgabe der Materialentsorgung eines Unternehmens bezieht sich auf den gesamten Prozess der Entsorgung von Abfällen und Rückführung von verbrauchten und ausgedienten Endprodukten in den Stoffkreislauf. Ziel ist es, die Umweltbelastung zu minimieren, Ressourcen effizient zu nutzen und gesetzliche Vorgaben einzuhalten. Auch eine sorgfältige Auswahl der Materialien im Vorfeld ist enorm wichtig, um am Ende des Leistungserstellungsprozesses eine umweltgerechte Entsorgung gewährleisten zu können. Materialien sollten etwa idealerweise leicht recycelbar sein, um die Wiederverwendung in neuen Produkten zu erleichtern. Weiterhin sollte darauf geachtet werden, dass diese möglichst frei von schädlichen Chemikalien und Toxinen sein, um bei der Entsorgung keine Gefahr für die Umwelt darzustellen.

1.2. Die Hauptaufgaben von Materialwirtschaft und Logistik am Beispiel der Holzwurm AG

Folgend sollen die Hauptaufgaben von Materialwirtschaft und Logistik am Beispiel des fiktiven Unternehmens ,,Holzwurm AG" veranschaulicht werden. Diese ist auf die Fertigung und den Vertrieb von Tischen aus edlen Holzarten spezialisiert.

1.2.1. Materialdisposition

Die Materialdisposition ist ein erster entscheidender Prozess für die Holzwurm AG. Bei der effizienten Planung und Steuerung der Materialbeschaffung sind mehrere Aspekte von großer Bedeutung, um einen reibungslosen Produktionsablauf, eine optimale Lagerhaltung und letztendlich eine hohe Kundenzufriedenheit zu gewährleisten. Zunächst ist eine sorgfältige Bedarfsermittlung unerlässlich. Die Holzwurm AG muss genau wissen, wie viel edles Holz sie für die Tischproduktion benötigt. Diese Bedarfsermittlung erfolgt in der Regel auf Basis von Produktionsplänen, aktuellen Auftragsvolumina und der Marktnachfrage. Hierbei müssen auch saisonale Schwankungen oder spezielle Kundenwünsche berücksichtigt werden. Ein weiterer wichtiger Punkt ist die Materialauswahl und -qualität. Da sich die Holzwurm AG auf die Verwendung edler Holzarten spezialisiert hat, ist die richtige Auswahl der Materialien von großer Bedeutung. Neben den ästhetischen Aspekten muss auch die Qualität des Holzes hinsichtlich Festigkeit, Haltbarkeit und Verarbeitbarkeit berücksichtigt werden. Dies stellt sicher, dass die hergestellten Tische höchsten Qualitätsansprüchen genügen und den Erwartungen der Kunden entsprechen.

Auch hierbei kann der zu Beginn beschriebene Zielkonflikt auftreten. Die Vertriebsabteilung hat in der Regel das Ziel, die Kundennachfrage zu befriedigen und die Produkte möglichst schnell und in ausreichender Menge an die Kunden zu liefern. Sie strebt einen hohen Lagerbestand an, um kurzfristige Aufträge und Kundenwünsche bedienen zu können. Dies kann zu einem erhöhten Druck auf die Lagerabteilung führen. Diese hingegen strebt eine effiziente Lagerhaltung an, um Kosten zu reduzieren und Kapital für andere Unternehmensbereiche freizusetzen. Ein großer Lagerbestand kann jedoch zu erhöhten Lagerkosten führen und die Kapitalbindung im Unternehmen erhöhen. Daher besteht ein Zielkonflikt zwischen der Vertriebsabteilung, die hohe Lagerbestände wünscht, und der Lagerabteilung, die diese Bestände möglichst niedrig halten möchte. Die Einkaufsabteilung hat das Ziel, Materialien zu bestmöglichen Konditionen zu beschaffen, um die Kosten zu minimieren. Um attraktive Konditionen zu erzielen, kann die Einkaufsabteilung größere Mengen an edlen Holzarten bestellen. Dies kann jedoch zu einem erhöhten Lagerbestand führen, was wiederum die Lagerabteilung vor Herausforderungen stellt. Um diesen Zielkonflikt zu bewältigen, ist eine enge Zusammenarbeit und Kommunikation zwischen den Abteilungen entscheidend. Eine präzise Bedarfsplanung seitens der Vertriebsabteilung kann die Prognose der Nachfrage verbessern und damit die Lagerhaltung optimieren. Die Einkaufsabteilung sollte Informationen über Lieferzeiten und Verfügbarkeit von Materialien mit der Lagerabteilung teilen, um Engpässe oder Überbestände zu vermeiden. Zudem sollte die Holzwurm AG sicherstellen, dass alle Abteilungen die langfristigen strategischen Ziele des Unternehmens im Blick behalten, um die Materialdisposition im Einklang mit der Gesamtunternehmensstrategie zu steuern.

1.2.2. Materialeinkauf

Der Materialeinkauf ist für die Holzwurm AG ebenfalls von hoher Bedeutung. Ein effizienter Materialeinkauf trägt dazu bei, die Produktionskosten zu optimieren, die Produktqualität sicherzustellen und die Kundenzufriedenheit zu erhöhen. Dabei sind sowohl strategische als auch operative Aufgaben zu beachten: Zu den strategischen Aufgaben gehört dabei zunächst die gründliche Marktforschung. Diese bildet den ersten Schritt beim Materialeinkaufsprozess. Die Holzwurm AG sollte den Holzmarkt genau analysieren, um aktuelle Trends, Preise, Verfügbarkeit von edlen Holzarten und potenzielle Lieferanten zu kennen. Die Marktforschung ermöglicht es, die besten Lieferanten auszuwählen, die qualitativ hochwertiges Holz zu wettbewerbsfähigen Preisen anbieten können. Langfristige Verträge oder Rahmenvereinbarungen können dabei helfen, bessere Konditionen und Preise auszuhandeln. Als Unternehmen, das mit Holz arbeitet, ist es für die Holzwurm AG wichtig, nachhaltige Beschaffungspraktiken zu fördern. Die Verwendung von Holz aus nachhaltiger Forstwirtschaft kann dazu beitragen, die Umweltauswirkungen zu reduzieren und das Image des Unternehmens zu verbessern. Zu den operativen Aufgaben zählt zunächst die Bestellabwicklung. Eine reibungslose Bestellabwicklung ist für den Materialeinkauf unerlässlich. Die Holzwurm AG muss sicherstellen, dass Bestellungen rechtzeitig und präzise an die Lieferanten übermittelt werden. Klare Kommunikation und eine klare Bestellprozessstruktur sind notwendig, um Missverständnisse zu vermeiden und eine effiziente Abwicklung zu gewährleisten. Auch die Überwachung der Liefertermine ist für einen reibungslosen Produktionsprozess sehr wichtig. Verspätungen in der Lieferung können zu Produktionsengpässen führen und die termingerechte Erfüllung von Kundenbestellungen gefährden. Bei möglichen Verzögerungen ist eine frühzeitige Kommunikation mit den Lieferanten wichtig, um alternative Lösungen zu finden und Kunden rechtzeitig zu informieren.

1.2.3. Materialbevorratung

Den nächsten wichtigen Teil Wertschöpfungskette der Holzwurm AG bildet die Materialbevorratung. Die Holzwurm AG muss ausreichend Lagerplatz für die Materialbevorratung zur Verfügung stellen. Da es sich um edle Holzarten handelt, ist es wichtig, die Lagerbedingungen sorgfältig zu überwachen, um das Holz vor Feuchtigkeit, Schädlingen oder anderen schädlichen Einflüssen zu schützen. Ein geeignetes Lagerhaltungssystem und angemessene Lagerbedingungen sind entscheidend, um die Qualität der gelagerten Materialien zu gewährleisten. Neben den prognostizierten Bedarfen ist es wichtig, Sicherheitsbestände einzuplanen. Sicherheitsbestände dienen dazu, unerwartete Schwankungen in der Nachfrage, Lieferverzögerungen oder Qualitätsprobleme bei den gelieferten Materialien abzufangen (Wagner, 2012, S.63). Durch die Festlegung angemessener Sicherheitsbestände kann die Holzwurm AG Engpässe in der Produktion vermeiden und eine hohe Lieferbereitschaft sicherstellen. Die Überprüfung der gelieferten Materialien bei der Warenannahme ist ein kritischer Schritt in der Materialbevorratung. Die Holzwurm AG sollte sicherstellen, dass die gelieferten Holzarten den vereinbarten Qualitätsstandards entsprechen und frei von Mängeln sind. Dies kann durch Stichprobenprüfungen oder eine detaillierte Qualitätskontrolle erfolgen. Bei Mängeln oder Qualitätsabweichungen sollten klare Rückgabeverfahren mit den Lieferanten vereinbart werden, um eine reibungslose Abwicklung zu gewährleisten. Um eine Überalterung des Lagerbestands zu vermeiden und die Materialqualität zu gewährleisten, ist die Rotation des Lagerbestands wichtig. Die älteren Materialien sollten zuerst entnommen und in der Produktion verwendet werden, während neue Lieferungen am Ende des Lagers platziert werden. Dies trägt dazu bei, dass das Holz nicht unnötig lange gelagert wird und seine Qualität beibehält. Eine gute Dokumentation und Erfassung von Lagerbeständen, Ein- und Ausgängen sowie Qualitätsprüfungen ist entscheidend für eine effiziente Materialbevorratung.

1.2.4. Materialentsorgung

Eine verantwortungsvolle Materialentsorgung ist bei der Holzwurm AG nicht nur aus Umweltschutzgründen wichtig, sondern auch für das Image des Unternehmens und die Einhaltung gesetzlicher Vorschriften. Die Holzwurm AG sollte darauf achten, Abfall so weit wie möglich zu minimieren und Recyclingmaßnahmen zu fördern. Schnittreste und Holzabfälle können beispielsweise für die Herstellung von Kleinmöbeln, Holzdekorationen oder anderen Produkten wiederverwendet werden. Durch eine effiziente Abfalltrennung und -sortierung können wertvolle Ressourcen recycelt und der Einsatz von Frischholz reduziert werden. Materialien, die nicht recycelbar oder wiederverwertbar sind, müssen umweltgerecht entsorgt werden. Die Holzwurm AG sollte sicherstellen, dass die Abfälle gemäß den geltenden

Umweltschutzvorschriften und -normen entsorgt werden. Dies kann die Zusammenarbeit mit zertifizierten Entsorgungsunternehmen oder Recyclingzentren umfassen. Ein fortschrittlicher Ansatz zur Materialentsorgung ist die Rücklieferung und Wiederrückführung von verbrauchten Endprodukten in den Stoffkreislauf. Die Holzwurm AG kann Tische so konzipieren, dass sie am Ende ihrer Lebensdauer leicht demontiert und wiederverwertet werden können. Dies fördert die Kreislaufwirtschaft und verhindert, dass wertvolle Materialien als Abfall enden. Die Holzwurm AG kann ihre Kunden über ihre Bemühungen in Bezug auf umweltgerechte Materialentsorgung informieren. Transparente Kommunikation über nachhaltige Praktiken und umweltfreundliche Entsorgungsverfahren kann das Umweltbewusstsein der Kunden stärken und das Unternehmen als verantwortungsbewussten Akteur positionieren.

Aufgabe 2: Absatzlogistik

2.1. Begriffserklärungen

Der Begriff ,,Absatz" befasst sich mit jeglichen Fragestellungen, welche die ,,Übermittlung von materiellen und immateriellen Leistungen vom Hersteller zum Endkäufer betreffen" (Meffert, 2000, S. 600).

Die Absatzlogistik, welche auch häufig als Distributionslogistik bezeichnet wird, wird hingegen wie folgt definiert: ,,Die Absatzlogistik umfasst den Transport und die Lagerung von Rohstoffen, Halb- und Fertigfabrikaten sowie der damit zusammenhängenden Informationen vom Liefer- zum Empfangspunkt entsprechend der Anforderungen der Kunden" (Meffert, 2000, S.653).

Der Begriff ,,Lieferservice" bezeichnet dabei das Endergebnis, also den Output der Absatzlogistik (Toporowski, 1996, S. 41-42).

Als generelle Aufgabe der Absatzlogistik wird verstanden, „dem Nachfrager das gewünschte Produkt in richtiger Menge und Sorte, im richtigen Zustand, zur richtigen Zeit am richtigen Ort zu den dafür minimalen Kosten bereitzustellen" (Meffert, 2000, S.654). Ziel der Absatzlogistik ist es im Allgemeinen, den Lieferservice möglichst schnell, zuverlässig, flexibel und in bestmöglichem Zustand der gelieferten Ware zu gestalten (Meffert, 2000, S.654).

2.2. Wichtige Komponenten der Absatzlogistik

Folgend werden die 4 Hauptkomponenten der Absatzlogistik, nämlich die Auftragsabwicklung, die Lagereinrichtung, die Lagerbestandshaltung sowie der Transport erläutert (Kotler/Bliemel, 2001, S. 1175-1176).

2.2.1. Auftragsabwicklung

Die Auftragsabwicklung ist ein zentraler Bestandteil der Absatzlogistik und umfasst den gesamten Prozess von der Annahme eines Kundenauftrags bis zur Lieferung der bestellten Waren oder Dienstleistungen an den Kunden. Es handelt sich um eine komplexe und kritische Phase, die eng mit anderen Elementen der Supply Chain verknüpft ist, wie dem Bestandsmanagement, der Produktionsplanung und dem Transportwesen. Der Prozess beginnt, wenn ein Kunde eine Bestellung aufgibt. Dies kann auf verschiedene Weise erfolgen, z. B. über eine Website, per E-Mail, telefonisch oder persönlich. Sobald der Auftrag eingegangen ist, wird er auf seine Richtigkeit und Vollständigkeit überprüft. Hierbei wird sichergestellt, dass alle erforderlichen Informationen vorhanden sind und dass die bestellten Produkte oder Dienstleistungen verfügbar sind. Auch die Kreditwürdigkeit des Kunden wird in diesem Schritt überprüft. Wenn es sich um physische Produkte handelt, wird der Lagerbestand überprüft, um sicherzustellen, dass die bestellten Artikel vorrätig sind oder beschafft werden können. Nach der Prüfung wird der Auftrag im System erfasst, die Produkte werden aus dem Lager entnommen oder produziert, und der Versand wird vorbereitet. Hierbei werden auch die Rechnungen und Versanddokumente erstellt. Die Produkte werden entsprechend der vom Kunden gewählten Versandart verschickt. Dabei ist es wichtig, dass die Lieferung pünktlich und zuverlässig erfolgt. Zusammen mit der Lieferung wird dem Kunden eine Rechnung zugestellt. Die Bezahlung erfolgt gemäß den vereinbarten Zahlungsbedingungen. Während des gesamten Prozesses ist ein effizienter Kundenservice wichtig, um mögliche Probleme oder Reklamationen zu klären. Die Lieferung wird dabei nachverfolgt, um sicherzustellen, dass alles reibungslos verläuft. Die Auftragsabwicklung hat einen erheblichen Einfluss auf die Kundenzufriedenheit und das Image eines Unternehmens. Eine effiziente und gut organisierte Auftragsabwicklung kann demnach dazu beitragen, die Lieferzeiten zu verkürzen, die Kundenbindung zu stärken und die Betriebskosten zu reduzieren.

2.2.2. Lagereinrichtung

Werden am Beschaffungsmarkt eingekaufte Materialien und Rohstoffe nicht unmittelbar verwertet, so ist die Errichtung eines Lagers notwendig. Hierfür ist ebenfalls eine Reihe von Entscheidungen zu treffen (vgl. Meffert, 2000, S.666).

Ein erster wichtiger aber dennoch komplexer Prozess bei der Lagereinrichtung ist die Festlegung der Anzahl der Stufen des Warenverteilungssystems, der von verschiedenen Kunden- und Produktmerkmalen beeinflusst wird. Ein Warenverteilungssystem besteht aus den verschiedenen Ebenen, durch die die Waren fließen, bevor sie den Endkunden erreichen. Die Anzahl der Stufen kann je nach Unternehmen, Branche und Geschäftsmodell variieren.

Folgend werden die wichtigsten Faktoren, die bei der Festlegung der Anzahl der Stufen berücksichtigt werden sollten, erläutert.

Ein relevantes Kundenmerkmal ist zunächst die Quantität der verschiedenen Kunden. Die Anzahl der Kunden kann die Entscheidung für die Anzahl der Stufen beeinflussen. Wenn ein Unternehmen nur wenige Großkunden bedient, kann ein direkter Vertriebsweg mit wenigen Zwischenstufen sinnvoll sein. Wenn es jedoch eine große Anzahl von Endkunden gibt, kann es effizienter sein, Vertriebspartner oder Einzelhändler einzubeziehen. Die Größe der Kundenunternehmen kann ebenfalls eine Rolle spielen. Große Unternehmen haben oft spezielle Anforderungen und können eine direkte Belieferung bevorzugen, während kleinere Unternehmen möglicherweise von Großhändlern oder Vertriebspartnern beliefert werden möchten. Die geografische Verteilung der Kunden ist ebenfalls ein wichtiger Faktor. Wenn die Kunden weit verstreut sind, kann es vorteilhaft sein, regionale Lagerhäuser oder Vertriebszentren einzurichten, um die Lieferzeiten zu verkürzen und die Versandkosten zu reduzieren. Kommt man auf die hierfür relevanten Produktmerkmale zu sprechen, ist es zunächst wichtig, die Art des jeweiligen Produktes zu berücksichtigen. Die Art des Produktes kann die Wahl der Warenverteilungsstufen beeinflussen. Verderbliche Waren wie frische Lebensmittel erfordern möglicherweise einen direkten Vertriebsweg mit kurzen Lieferzeiten, um die Qualität zu gewährleisten. Bei nicht verderblichen Waren kann ein längeres Distributionsnetzwerk angemessen sein. Auch die Größe, das Gewicht und die Handhabung der Produkte können die Entscheidung für die Anzahl der Stufen beeinflussen. Schwere oder sperrige Güter erfordern möglicherweise spezielle Lager- und Versandlösungen. Wenn Produkte standardisiert sind und eine hohe Nachfrage aufweisen, kann ein effizienter Direktvertrieb zum Endkunden angemessen sein. Bei spezialisierten oder individuellen Produkten können Vertriebspartner oder Einzelhändler eine wichtige Rolle spielen. Unternehmen sollten auch die Logistikkosten, die Servicequalität, die Marktanforderungen und die Wettbewerbsfähigkeit berücksichtigen.

Bei der Festlegung der Anzahl, Größe, Standorte und Einzugsgebiete von Lagern handelt es sich um einen ein strategischer Prozess bei der Lagereinrichtung, der eine sorgfältige Analyse und Planung erfordert. Es gibt verschiedene Aspekte zu berücksichtigen, um eine effiziente und kundenspezifische Logistiklösung zu schaffen (Weis, 2001b, S.407). Der angestrebte Lieferservice spielt eine entscheidende Rolle bei der Festlegung der Lagerstandorte und -größen. Wenn ein Unternehmen einen schnellen Lieferservice anbieten möchte, müssen die Lager in der Nähe der Zielmärkte platziert werden, um kurze Lieferzeiten zu gewährleisten. Dies kann bedeuten, dass mehrere kleinere Lager in verschiedenen geografischen Regionen eingerichtet werden, um eine hohe Erreichbarkeit für die Kunden zu gewährleisten. Auch die Nachfrageentwicklung und die saisonalen Schwankungen müssen berücksichtigt werden. Wenn die Nachfrage nach bestimmten Produkten in bestimmten Regionen hoch ist, kann es sinnvoll sein, dort ein Lager einzurichten, um die Lieferzeiten zu verkürzen und die Verfügbarkeit zu verbessern. Die Erreichbarkeit der Lagerstandorte ist von sehr großer Bedeutung. Die Nähe zu wichtigen Verkehrsadern, Häfen, Flughäfen oder Bahnverbindungen kann die Transportzeiten reduzieren und die Logistikkosten senken. Auch die Kosten für den Transport und die Lagerhaltung sind wichtige Faktoren, die es bei der Entscheidung über die Anzahl, Größe und Standorte der Lager zu berücksichtigen gilt. Die Optimierung dieser Kosten kann dazu beitragen, die Gesamtbetriebskosten zu reduzieren und die Wettbewerbsfähigkeit zu verbessern. Die Lagereinrichtung sollte auch die individuellen Bedürfnisse und Anforderungen der Kunden berücksichtigen. Die Nähe zu den Kunden kann die Kundenzufriedenheit steigern und die Beziehung zu den Kunden stärken. Die Festlegung der Anzahl, Größe, Standorte und Einzugsgebiete von Lagern erfordert eine gründliche Analyse der oben genannten Faktoren sowie eine sorgfältige Abwägung der Kosten und des erwarteten Nutzens. Die Entscheidung, ob ein Unternehmen eigene Lager errichten oder Fremdlager nutzen sollte, ist eine weitere strategische Überlegung, die von verschiedenen Faktoren beeinflusst wird (vgl. Meffert, 2000, S.666). Beide Optionen haben ihre Vor- und Nachteile, und es ist wichtig, die spezifischen Bedürfnisse und Ziele des Unternehmens zu berücksichtigen. Dabei sind die Kosten ein entscheidender Faktor bei der Wahl zwischen Eigenlagern und Fremdlagern. Die Errichtung und der Betrieb eigener Lager können hohe Investitionen in Gebäude, Ausrüstung, Lagerverwaltungssysteme und Arbeitskräfte erfordern. Fremdlager hingegen bieten oft flexible Mietoptionen, die an die Bedürfnisse des Unternehmens angepasst werden können, was zu niedrigeren Anfangsinvestitionen führen kann. Die Nutzung von Fremdlagern kann dem Unternehmen mehr Flexibilität bieten, da es leichter ist, Standorte zu wechseln, die Lagerkapazitäten anzupassen oder zusätzliche Lager zu mieten, wenn sich die Geschäftsanforderungen ändern. Bei eigenen Lagern sind Entscheidungen über Standorte, Lagerzahl und -größe oft langfristiger und schwerer zu ändern. Die finanzielle Situation des Unternehmens ist dabei ein entscheidender Faktor. Wenn das Unternehmen über ausreichende finanzielle Mittel verfügt, kann die Errichtung eigener Lager langfristig Kosten sparen und das Unternehmen hat mehr Kontrolle über die gesamte Logistikkette. Wenn das Unternehmen jedoch begrenzte finanzielle Ressourcen hat, kann die Nutzung von Fremdlagern eine bessere Option sein, um die Kapitalbindung zu reduzieren. Die Nachfrage nach Produkten kann sich im Laufe der Zeit ändern und saisonalen Schwankungen unterliegen. Wenn es zu Diskontinuitäten oder saisonalen Spitzen kommt, kann die Nutzung von Fremdlagern als Pufferlager sinnvoll sein, um die Kapazitätsanpassung zu erleichtern und Engpässe zu vermeiden. Die Verfügbarkeit von externen Lagerkapazitäten am gewünschten Standort ist ein weiterer wichtiger Aspekt. In einigen Regionen können Fremdlager knapp sein oder teurer sein, was die Entscheidung beeinflussen kann. Es ist wichtig, eine umfassende Kosten-Nutzen-Analyse durchzuführen und die langfristigen strategischen Ziele des

Unternehmens zu berücksichtigen, um die beste Option für die Lagereinrichtung zu wählen. In einigen Fällen kann eine Kombination aus Eigenlagern und Fremdlagern, die als Hybridlösung bezeichnet wird, die beste Lösung sein, um die Vorteile beider Optionen zu nutzen und die Geschäftsanforderungen effizient zu erfüllen.

2.2.3. Lagerbestandshaltung

Die Lagerbestandshaltung ist ein entscheidender Aspekt der Logistik und des Supply-Chain-Managements. Es geht darum, den optimalen Lagerbestand zu verwalten, um die Kundennachfrage zu erfüllen, gleichzeitig aber auch die Kosten für Lagerhaltung zu minimieren (vgl. Meffert, 2000, S.666). Dabei müssen verschiedene Entscheidungen getroffen werden, um ein ausgewogenes Verhältnis zwischen Bestandssicherheit und Effizienz zu gewährleisten (vgl. Meffert, 2000, S.666). Die Entscheidung zwischen vollständiger oder selektiver Lagerhaltung bezieht sich auf die Produktauswahl, die im Lager vorgehalten wird. Vollständige Lagerhaltung bedeutet, dass alle verfügbaren Produkte im Lager vorrätig sind, unabhängig von ihrer Nachfrage oder Umschlagshäufigkeit. Selektive Lagerhaltung hingegen beschränkt den Lagerbestand auf Produkte mit hoher Nachfrage oder Umschlagshäufigkeit. Die Auswahl hängt von der Produktpalette, der Kundennachfrage und der Lagerkapazität ab. Der Bestellzyklus ist der Zeitraum zwischen zwei aufeinanderfolgenden Bestellungen für einen bestimmten Artikel. Die Entscheidung über den Bestellzyklus hängt von der Lieferzeit des Lieferanten, der Lagerkapazität und der Nachfrage nach dem Produkt ab. Ein längerer Bestellzyklus kann die Bestellkosten reduzieren, aber auch zu höheren Sicherheitsbeständen führen. Die Bestellmengen beziehen sich auf die Menge eines Artikels, die bei jeder Bestellung bestellt wird. Die Entscheidung über die Bestellmengen sollte eine Balance zwischen den Lagerhaltungskosten (je größer die Bestellmengen, desto mehr Lagerkosten entstehen) und den Bestellkosten (je größer die Bestellmengen, desto seltener müssen Bestellungen aufgegeben werden) finden. Die Bestellzeitpunkte bestimmen, wann eine Bestellung aufgegeben wird, um den Lagerbestand wieder aufzufüllen. Der Bestellzeitpunkt kann durch verschiedene Faktoren beeinflusst werden, wie z. B. den Sicherheitsbestand, die Lead Time (Lieferzeit vom Lieferanten), die Nachfrageprognose und den aktuellen Lagerbestand. Der Sicherheitsbestand (auch Mindestbestand genannt) ist die Menge eines Artikels, die immer im Lager vorrätig sein sollte, um unvorhergesehene Schwankungen in der Nachfrage, Lieferverzögerungen oder andere Unregelmäßigkeiten abzudecken (Wagner, 2012, S.63). Die Entscheidung über den Sicherheitsbestand sollte eine ausgewogene Risikoabschätzung zwischen Lagerkosten und dem Risiko von Lagerausverkäufen darstellen. Die Wiederbeschaffungszeit ist die Zeit, die benötigt wird, um einen Artikel nach der Bestellung vom Lieferanten wieder im Lager vorrätig zu haben. Sie umfasst die Lieferzeit des Lieferanten sowie die Bearbeitungszeit für die Einlagerung und Bereitstellung im Lager. Die Entscheidung über die Wiederbeschaffungszeit hängt von der zuverlässigen Lieferfähigkeit der Lieferanten und der Flexibilität des Lagers ab.

2.2.4. Transport

Die Entscheidung über die Auswahl der Transportmittel und -wege für den Transport von Produkten zu den Lagern und zu den Kunden hängt von verschiedenen Kriterien ab, die sowohl Produktmerkmale als auch Herstellermerkmale berücksichtigen. Diese werden nun ebenfalls erläutert (Meffert, 2000, S. 668-669). Ein erstes hierfür relevantes Produktmerkmal ist der Wert des jeweiligen Produktes. Produkte mit hohem Wert erfordern oft sichere und zuverlässige Transportmittel, um Diebstahl oder Beschädigungen zu vermeiden. Große und sperrige Produkte erfordern oftmals spezielle Transportmittel oder -wege, um einen reibungslosen Transport zu gewährleisten. Besonders empfindliche Produkte wie elektronische Geräte oder Lebensmittel erfordern spezielle Transportbedingungen, um Schäden zu vermeiden. Auch die Lagerfähigkeit des Produktes spielt eine wichtige Rolle. So erfordern Produkte mit begrenzter Haltbarkeit oder Verderblichkeit unter Umständen sehr schnelle Transportmittel, um die Qualität zu erhalten. Geht es um die Merkmale der Hersteller, ist zunächst die Finanzkraft des Herstellers relevant. Hersteller mit ausreichenden finanziellen Mitteln können in der Lage sein, eigene Transportmittel bereitzustellen und die Kontrolle über den Transportprozess zu behalten. Hersteller mit einem breiten Sortiment an Produkten können von eigenen Transportmitteln profitieren, um die Flexibilität und Effizienz der Lieferungen zu verbessern. Auch muss eine Entscheidung getroffen werden, ob Transportmittel selbst bereitgestellt oder betriebsfremde Transportmittel eingeschaltet werden sollen. Die Selbstbereitstellung von Transportmitteln durch den Hersteller bietet dabei mehr Kontrolle über den Transportprozess und kann bei regelmäßigen und vorhersehbaren Lieferungen kosteneffizient sein. Die Einschaltung von Spediteuren kann sinnvoll sein, wenn es um spezialisierte Transportanforderungen geht oder wenn der Hersteller keine eigenen Transportmittel bereitstellen kann oder will. Externe Spediteure bieten oft eine größere Flexibilität und Reichweite. Auch bei der Auswahl der Transportlager gibt es einige wichtige Entscheidungskriterien. Hierzu zählen zunächst die Kosten. Die Lagerkosten sollten in einem angemessenen Verhältnis zur Produkt- und Transportwertigkeit stehen. Auch die Zuverlässigkeit des Transportmittels ist entscheidend für die pünktliche Lieferung der Produkte. Verlässliche Transportmittel minimieren das Risiko von Verzögerungen. Die Zuverlässigkeit des Transportlagers ist ein weiterer sehr wichtiger Faktor und hängt von der Effizienz der Lagerprozesse und der Fähigkeit des Lagers ab, die Lieferungen termingerecht zu bearbeiten. Die Entscheidung über die Auswahl der Transportmittel und -wege sowie die

Festlegung der Transportlager sollte eine umfassende Analyse und Abwägung der genannten Kriterien beinhalten. Moderne Technologien und Datenanalysetools können bei der Optimierung der Transport- und Lagerprozesse wertvolle Unterstützung bieten, um eine effiziente und kundenorientierte Logistiklösung zu schaffen.

Generell lässt sich sagen, dass eine kontinuierliche Überprüfung und Anpassung der Transport- und Lagerstrategie wichtig sind, um auf Veränderungen in der Nachfrage, im Marktumfeld und in den Kundenanforderungen reagieren zu können.

Aufgabe 3: Die Industrie 4.0

3.1. Einleitung

Die Industrie 4.0, als Synonym für die vierte industrielle Revolution, hat die Unternehmenswelt und die Gesellschaft in den letzten Jahren grundlegend verändert. In Zeiten fortschreitender Digitalisierung und Vernetzung hat diese bahnbrechende Entwicklung zu einem beispiellosen Wandel in der Art und Weise geführt, wie wir produzieren, kommunizieren und leben. Die fortschreitende Integration von Technologien wie Künstliche Intelligenz, das Internet der Dinge, Big Data, Cloud Computing und Robotik ermöglicht eine noch nie dagewesene Vernetzung und Automatisierung von Produktionsprozessen. Im Folgenden soll zunächst ein Überblick über jene relevanten Begrifflichkeiten der Industrie 4.0 verschafft werden, um auf dieser Grundlage anschließend die Chancen und Risiken dieses industriellen Zeitalters und seiner Entwicklungen zu erörtern und zu beurteilen.

3.2. Die 4 Stufen der industriellen Revolution

Die industrielle Revolution war ein entscheidender Wendepunkt in der Geschichte der Menschheit, der einen tiefgreifenden Wandel in der Art und Weise brachte, wie Güter produziert und Waren hergestellt wurden. Sie lässt sich in vier Hauptstufen unterteilen (Schwab, 2016, S. 10-12).

Die erste industrielle Revolution begann circa 1760 in Großbritannien und erstreckte sich bis etwa 1840. Die zentrale Innovation war die Einführung der mechanisierten Textilproduktion mit der Erfindung der Spinning Jenny (Spinnmaschine) und der Dampfmaschine, die als treibende Kraft in Fabriken eingesetzt wurde. Durch diese Technologien wurde die bisherige handwerkliche Produktion durch Maschinenarbeit ersetzt, was zu einer massiven Steigerung der Produktionskapazität führte. Die Eisenbahn wurde entwickelt, um den Warentransport zu revolutionieren und Märkte zu erweitern.

Die zweite industrielle Revolution begann etwa in der Mitte des 19. Jahrhunderts und dauerte bis zum Beginn des 20. Jahrhunderts. In dieser Phase wurden wichtige Fortschritte in den Bereichen Elektrizität, Verbrennungsmotoren, Stahlherstellung und Telekommunikation erzielt. Die Erfindung der Glühbirne und anderer elektrischer Geräte ermöglichte die Verbreitung von elektrischer Energie und revolutionierte sowohl die Industrie als auch den Alltag. Die Einführung von Verbrennungsmotoren eröffnete neue Möglichkeiten im Transportwesen, und die Stahlproduktion ermöglichte den Bau großer Brücken und Gebäude. Die Massenproduktion wurde mit Fließbändern und Fertigungslinien immer effizienter.

Die dritte industrielle Revolution begann in der zweiten Hälfte des 20. Jahrhunderts und dauert bis in die Gegenwart an. Sie wird auch als digitale Revolution bezeichnet und ist durch den Aufstieg der Computertechnologie und der Informationstechnik gekennzeichnet. Die Entwicklung von Mikrochips, Computern und Internet führte zu einem schnellen Wachstum der Computerindustrie und der Kommunikationstechnologien. Mit dem Aufkommen des Internets wurde die Welt vernetzt, was den Informationsaustausch und die Globalisierung enorm beschleunigte. Automatisierung und Robotik haben weiterhin die Produktionsprozesse in vielen Branchen optimiert.

Die vierte industrielle Revolution ist eine fortlaufende Entwicklung und basiert auf der weiteren Verschmelzung von physischen, digitalen und biologischen Technologien. Es geht dabei um die Integration von Künstlicher Intelligenz (KI), Internet der Dinge (IoT), Cloud Computing, 3D-Druck, Big Data und anderen fortgeschrittenen Technologien in nahezu alle Bereiche des Lebens und der Industrie. Die Auswirkungen der vierten industriellen Revolution sind weitreichend und betreffen die Art und Weise, wie Menschen arbeiten, kommunizieren und leben. Es eröffnen sich neue Möglichkeiten in den Bereichen Gesundheitswesen, Transport, Energie, Bildung und mehr, aber es entstehen auch neue Herausforderungen, wie etwa die ethischen Implikationen von KI und Datenschutzbedenken. Die vierte industrielle Revolution befindet sich noch in vollem Gange und wird in den kommenden Jahren und Jahrzehnten weiterhin die Gesellschaft und die Wirtschaft transformieren.

3.3. Begriffsdefinitionen

Industrie 4.0 repräsentiert einen revolutionären Ansatz in der industriellen Entwicklung, der die Verbindung von fortschrittlichen Technologien und Prozessen mit traditionellen Produktionsumgebungen ermöglicht. Dieses Konzept stellt eine bedeutende Weiterentwicklung der vorherigen industriellen Revolutionen dar und zielt darauf ab, die Produktionslandschaft durch eine umfassende Digitalisierung und Vernetzung grundlegend zu transformieren.

Der Begriff "Industrie 4.0" wurde erstmals im Jahr 2011 auf der Hannover Messe in Deutschland vorgestellt und hat seitdem weltweit eine enorme Resonanz erfahren. Es handelt sich dabei um einen strategischen Ansatz, der die Integration von physischen, digitalen und biologischen Technologien in industriellen Prozessen und Systemen fördert. Der zentrale Gedanke hinter Industrie 4.0 ist es, durch die nahtlose Vernetzung von Maschinen, Produkten, Lieferketten und Menschen eine intelligente, flexible und hochautomatisierte Produktion zu schaffen (Schwab, 2016, S.11).

Das Herzstück der Industrie 4.0 ist das Internet der Dinge. Das "Internet der Dinge" (IoT) ist ein zentrales Konzept innerhalb der Industrie 4.0 und bezeichnet die Vernetzung von physischen Objekten oder "Dingen" über das Internet (Deutscher Bundestag, 2016, S.1). Diese "Dinge" können beinahe alles sein, von einfachen Alltagsgegenständen bis hin zu hochkomplexen Maschinen und Anlagen. Die Idee hinter dem IoT besteht darin, diesen Objekten Sensoren und Aktoren hinzuzufügen, die es ihnen ermöglichen, Daten zu sammeln, zu verarbeiten, zu kommunizieren und autonom zu handeln. Im Kontext der Industrie 4.0 wird das Internet der Dinge in Produktionsumgebungen angewendet, um eine "intelligente Fabrik" zu schaffen, in der Maschinen, Anlagen und Produkte miteinander vernetzt sind und in Echtzeit kommunizieren können. Durch die Integration von IoT-Technologien können Produktionsprozesse erheblich optimiert und automatisiert werden, was zu einer Steigerung der Effizienz und Produktivität führt.

Ein weiterer wichtiger Aspekt von Industrie 4.0 ist die Integration von Künstlicher Intelligenz (KI). Durch den Einsatz von KI können Maschinen und Systeme selbstlernend agieren, Muster erkennen und eigenständig Entscheidungen treffen (Flasinski, 2016, zitiert nach Maschler, White & Weyrich, 2020, S.2). Dies führt zu einer zunehmenden Autonomie der Produktionsanlagen und ermöglicht eine präzise und effiziente Ressourcennutzung. Die menschliche Arbeitskraft wird dabei nicht überflüssig, sondern wandelt sich zu einer wertvollen Ergänzung. Mensch und Maschine arbeiten in enger Zusammenarbeit, wobei die Maschinen repetitive und gefährliche Aufgaben übernehmen und der Mensch sich auf komplexe Problemlösungen und kreative Tätigkeiten konzentrieren kann.

Ein "cyber-physisches System" (CPS) ist eine fundamentale Komponente der Industrie 4.0 und bezeichnet eine innovative Klasse von Systemen, die die virtuelle Welt der Informationstechnologie mit der physischen Welt der realen Objekte und Prozesse eng miteinander verbindet (Deutscher Bundestag, 2016, S.1). Es handelt sich um eine Verschmelzung von digitalen Technologien und physischen Systemen, die es ermöglicht, dass diese miteinander interagieren, sich gegenseitig beeinflussen und gemeinsam arbeiten können. Cyber-physische Systeme greifen „mittels Sensoren auf Daten der physikalischen Welt zu und wirken auf diese mittels Aktoren ein" (Kreimeier et. Al., 2014, S.2.).

Ein typisches Beispiel für ein cyber-physisches System ist ein autonomes Fahrzeug. Das Fahrzeug ist mit einer Vielzahl von Sensoren ausgestattet, die die Umgebung erfassen und Informationen wie Abstand zu anderen Fahrzeugen, Straßenzustand, Geschwindigkeit usw. liefern. Diese Daten werden von eingebetteten Computersystemen verarbeitet, um Entscheidungen zu treffen, wie das Fahrzeug fahren soll. Die Aktoren steuern dann das Lenkrad, die Bremsen und den Motor, um die entsprechenden Manöver auszuführen.

3.4. Chancen und Risiken der Industrie 4.0

Folgend soll es zunächst um die Chancen gehen, welche die Industrie 4.0 mit sich bringt (UnternehmerZeitung, 2015, S.32). Industrie 4.0 bietet ein enormes Potenzial für Unternehmen und die Gesellschaft insgesamt. Die Vorteile dieser digitalen Revolution sind vielfältig und reichen von einer gesteigerten Effizienz und Produktivität bis hin zu neuen Geschäftsmodellen und innovativen Produkten. Durch die Vernetzung von Maschinen und Anlagen können Produktionsprozesse optimiert und Engpässe identifiziert werden. Echtzeitdaten ermöglichen es, den Einsatz von Ressourcen zu optimieren und Energieverbrauch zu reduzieren. Dies führt zu einer gesteigerten Effizienz und Senkung der Produktionskosten. Industrie 4.0 ermöglicht eine weitreichende Automatisierung von Produktionsprozessen. Maschinen und Anlagen können autonom arbeiten und sich flexibel an wechselnde Anforderungen und Aufträge anpassen. Dadurch können Unternehmen schneller auf Marktveränderungen reagieren und wettbewerbsfähiger werden. Durch die Vernetzung und Datenerfassung können Produkte individualisiert und an die spezifischen Bedürfnisse der Kunden angepasst werden. Dank der kontinuierlichen Überwachung von Maschinen und Anlagen können potenzielle Ausfälle frühzeitig erkannt werden. Industrie 4.0 eröffnet Unternehmen darüber hinaus die Möglichkeit, neue Geschäftsmodelle zu entwickeln. Durch die Vernetzung von Produkten können beispielsweise Serviceleistungen angeboten werden, die auf der kontinuierlichen Überwachung der Produkte basieren. Die Automatisierung von gefährlichen und monotonen Aufgaben kann die Arbeitsbedingungen für Mitarbeiter verbessern. Mensch-Maschine-Kollaboration ermöglicht es, dass Menschen sich auf anspruchsvollere und kreative Tätigkeiten konzentrieren können.

Eine stärkere Vernetzung in der Produktion, wie sie durch Industrie 4.0 ermöglicht wird, birgt auch potenzielle Gefahren und Risiken. Diese sollten ernsthaft beachtet und angemessen angegangen werden, um die Sicherheit und Integrität der Systeme zu gewährleisten. Folgend werden einige der wichtigsten Gefahren, die mit einer stärkeren Vernetzung in der Produktion einhergehen könnten, erläutert (UnternehmerZeitung, 2015, S.32). Die zunehmende Vernetzung von Maschinen, Anlagen und Geräten macht Industrieunternehmen anfälliger für Cyberangriffe. Hacker könnten versuchen, in das Netzwerk einzudringen, um sensible

Informationen zu stehlen, die Produktion zu stören oder gar zu sabotieren. Ein erfolgreicher Cyberangriff kann zu schwerwiegenden finanziellen Verlusten, einem Imageverlust und möglicherweise auch zu einer Gefährdung der öffentlichen Sicherheit führen. Die Vernetzung ermöglicht die Sammlung und Verarbeitung großer Mengen an Daten, sowohl von Maschinen als auch von Mitarbeitern. Es ist wichtig sicherzustellen, dass diese Daten angemessen geschützt werden und den geltenden Datenschutzbestimmungen entsprechen. Datenschutzverletzungen könnten zu rechtlichen Konsequenzen und einem Vertrauensverlust bei Kunden und Mitarbeitern führen. Mit der zunehmenden Vernetzung wächst auch die Abhängigkeit von Technologie. Unternehmen könnten anfällig für Ausfälle und Störungen werden, wenn es zu Problemen mit der IT-Infrastruktur, Softwarefehlern oder Kommunikationsausfällen kommt. Die Verfügbarkeit einer zuverlässigen Technologieinfrastruktur wird somit zu einer kritischen Komponente. Die Einführung von Industrie 4.0-Technologien erfordert eine komplexe Integration verschiedener Systeme und Technologien. Es kann eine Herausforderung sein, Fachkräfte mit dem erforderlichen Know-how zu finden, um diese komplexen Systeme zu implementieren und zu warten. Der Fachkräftemangel in diesem Bereich könnte zu Engpässen führen. Mit der zunehmenden Automatisierung und Vernetzung könnten Arbeitsplätze gefährdet sein. Der Einsatz von Robotern und künstlicher Intelligenz könnte einige Arbeitsplätze ersetzen oder verändern. Unternehmen müssen sich mit den sozialen Auswirkungen dieser Veränderungen auseinandersetzen und Maßnahmen ergreifen, um die betroffenen Mitarbeiter umzuschulen und zu unterstützen.

3.5. Anwendungsbeispiel aus der Praxis

Ein Anwendungsbeispiel aus der Praxis ist ein vernetztes Logistiksystem in einem Lagerhaus. Das System besteht aus autonomen Robotern, die mit Sensoren und KI ausgestattet sind und in der Lage sind, Waren eigenständig zu transportieren und zu stapeln. Die Lagerhallen sind mit Sensoren ausgestattet, die die Lagerbestände und die Lagerbedingungen (z. B. Temperatur, Luftfeuchtigkeit) überwachen. Die Daten werden kontinuierlich gesammelt und an eine zentrale Cloud-Plattform übertragen. Dort werden sie mithilfe von Big Data-Analyse und maschinellem Lernen verarbeitet. Das System analysiert die Lagerdaten, prognostiziert den Bedarf und optimiert die Routen der autonomen Roboter, um den Warenfluss zu optimieren. Das vernetzte Logistiksystem ermöglicht eine höhere Effizienz und Produktivität im Lagerbetrieb. Die autonomen Roboter können Waren schneller transportieren und stapeln, wodurch der Lagerdurchsatz erhöht wird. Des Weiteren ermöglicht das System eine verbesserte Bestandsverwaltung und -kontrolle. Durch die kontinuierliche Überwachung der Lagerbestände können Engpässe und Überbestände vermieden werden. Das Unternehmen kann genau wissen, welche Waren auf Lager sind und wann Nachbestellungen erforderlich sind, um eine optimale Lieferfähigkeit zu gewährleisten.

3.6. Persönliche Einschätzung zur Industrie 4.0

Das neue industrielle Zeitalter, repräsentiert durch Industrie 4.0, ist zweifellos eine faszinierende und transformative Ära für Unternehmen und die Gesellschaft insgesamt. Die fortschreitende Digitalisierung und Vernetzung von Produktionsprozessen eröffnet ein enormes Potenzial für Effizienzsteigerung, Produktinnovationen und eine nachhaltige Entwicklung. Die vierte industrielle Revolution ermöglicht es, Produktionsabläufe zu optimieren, maßgeschneiderte Produkte anzubieten, die Energieeffizienz zu verbessern und die Wettbewerbsfähigkeit von Unternehmen zu stärken. Die Integration von Technologien wie dem Internet der Dinge (IoT), künstlicher Intelligenz (KI) und Big Data-Analyse ermöglicht eine umfassende Vernetzung von Maschinen, Anlagen und Produkten. Dadurch können Unternehmen einen bisher unerreichten Grad an Automatisierung, Flexibilität und Transparenz erreichen. Die Entstehung von cyber-physischen Systemen eröffnet neue Möglichkeiten für die intelligente Steuerung und Überwachung von Produktionsprozessen.

Jedoch dürfen wir nicht die potenziellen Gefahren und Herausforderungen ignorieren, die mit dieser digitalen Revolution einhergehen. Cybersecurity-Risiken, Datenschutzbedenken und soziale Auswirkungen müssen ernsthaft in Betracht gezogen werden, um die Sicherheit und Integrität der Systeme zu gewährleisten und soziale Ungleichheiten zu vermeiden. Als Gesellschaft müssen wir eine ausgewogene und verantwortungsvolle Herangehensweise an die Einführung von Industrie 4.0-Technologien finden. Das bedeutet, einerseits die Vorteile und das Potenzial zu nutzen, die die Digitalisierung und Vernetzung bieten, und andererseits Maßnahmen zu ergreifen, um die Gefahren zu minimieren und soziale Herausforderungen zu bewältigen. Es ist entscheidend, dass Unternehmen, Regierungen, Wissenschaft und die Gesellschaft insgesamt in enger Zusammenarbeit daran arbeiten, die Grundlagen für eine erfolgreiche und nachhaltige Umsetzung von Industrie 4.0 zu schaffen. Dies erfordert eine klare Strategie, angemessene Investitionen in Forschung und Entwicklung, die Förderung von Bildung und Weiterbildung für Fachkräfte sowie die Schaffung von Rahmenbedingungen, die den Einsatz neuer Technologien in Einklang mit sozialen und ethischen Prinzipien bringen. Industrie 4.0 bietet zweifellos ein immenses Potenzial, um Wirtschaft und Gesellschaft zu transformieren und innovative Lösungen für die Herausforderungen der Zukunft zu schaffen. Es ist jedoch unsere Verantwortung sicherzustellen, dass diese Transformation auf einer soliden Grundlage von Sicherheit, Datenschutz, Nachhaltigkeit und sozialer Verantwortung erfolgt. Nur dann können wir das volle Potenzial dieser neuen industriellen Ära ausschöpfen und eine positive und zukunftsfähige Entwicklung vorantreiben.

Fachliteratur

Bendel, O. (2015). Chancen und Risiken 4.0. *UnternehmerZeitung*, S. 32.

Kluck, D. (2008). *Materialwirtschaft und Logistik*. Schäffer-Poeschel.

Kotler, P., & Bliemel, F. (2001). Marketing-Management. Analyse, Planung und Verwirklichung.

Kreimeier, D., Kreggenfeld, N., Prinz, C., Igel, C., & Ullrich, C. (2014). Intelligente Wissensdienste in Cyber-Physischen Systemen. Industrie Management.

Maschler, B., White, D., & Weyrich, M. (2020). Anwendungsfälle und Methoden der künstlichen Intelligenz .

Meffert, H. (2000). *Marketing. Grundlagen marktorientierter Unternehmensführung. Konzepte - Instrumente - Praxisbeispiele. Mit neuer Fallstudie VW Golf, 9. Aufl*. Wiesbaden.

Schwab, K. (2016). *Die vierte industrielle Revolution*. Pantheon Verlag.

Stickel, E. (1997). *Gabler Wirtschaftsinformatik-Lexikon*.

Toporowski, W. (1996). *Logistik im Handel. Optimale Lagerstruktur und Bestellpolitik einer Filialunternehmung, Zugl.: Köln, Univ., Diss.,*. Heidelberg.

Wagner, C. (2012). Bedarfsprognose und Sicherheitsbestand als Werkzeuge zur optimalen Ersatzteilversorgung am Beispiel eines europäischen Baumaschinenherstellers (Doctoral dissertation).

Weis, H. C. (2001b). *Marketing, 12. Aufl*. Ludwigshafen (Rhein).

Internetquellen

Deutscher Bundestag. (2016). Aktueller Begriff Industrie 4.0. Abgerufen am 23. 07 2023 von https://www.bundestag.de/resource/blob/474528/cae2bfac57f1bf797c8a6e13394b5e70/industrie-4-0-data.pdf

BEI GRIN MACHT SICH IHR WISSEN BEZAHLT

- Wir veröffentlichen Ihre Hausarbeit,
  Bachelor- und Masterarbeit

- Ihr eigenes eBook und Buch -
  weltweit in allen wichtigen Shops

- Verdienen Sie an jedem Verkauf

Jetzt bei www.GRIN.com hochladen und kostenlos publizieren